Schenk dir Zeit

Der kreative Adventskalender

24 Ideen zum Selbermachen

benno

Bibliografische Information der Deutschen Nationalbibliothek
Die Deutsche Nationalbibliothek verzeichnet diese Publikation in der Deutschen Nationalbibliografie; detaillierte bibliografische Daten sind im Internet unter http://dnb.d-nb.de abrufbar.

Besuchen Sie uns im Internet:
www.st-benno.de

Gern informieren wir Sie unverbindlich und aktuell
auch in unserem Newsletter zum Verlagsprogramm,
zu Neuerscheinungen und Aktionen.
Einfach anmelden unter www.st-benno.de

ISBN 978-3-7462-5069-4

Zusammenstellung: Claudia Michels, Leipzig
Umschlaggestaltung: Rungwerth Design, Düsseldorf
Gesamtherstellung: Arnold & Domnick, Leipzig (A)

Advent – Mit neuen Augen betrachten

Sich eine Auszeit im Advent gönnen, sich Zeit nehmen für sich selbst und die Familie, für neue Eindrücke, für Selbstgemachtes und Geschenke, die von Herzen kommen? Wie soll das gehen in der heutigen Zeit, wo alles schneller, effizienter und rentabler vonstattengehen muss, wo manchmal kaum noch Zeit bleibt zum kurzen Durchatmen zwischen den ganzen Terminen?

Dieser Kalender ist ein Geschenk, das dabei hilft, den Advent als Fastenzeit vom Stress zu begehen. Er lädt dazu ein, ganz nach dem Bibelwort *„Sehet zu, wachet und betet; denn ihr wisset nicht, wann es Zeit ist."* (Mk 13,33), neue Akzente der Freude, des Miteinanders und der Ruhe in der Vorbereitung auf Weihnachten zu setzen. Sicherlich sollte dafür das ein oder andere weggelassen oder nicht ganz so perfekt realisiert werden, um Raum zu schaffen für die kreative Zeit, begleitet von den Advents-Impulsen. Das neue Ausrichten lohnt sich, denn was gibt es Schöneres als aus der Freude heraus zu leben?

Kommen Sie dem Kind in der Krippe Tag für Tag ein Stück näher mit eingängigen und leichten Meditationen, Rezepten, Bastelideen, Eintragseiten, Nähanleitungen u.v.m. und schenken Sie Achtsamkeit und Adventsfreude auch weiter mit den vier Postkarten.

Schön, wenn Sie sich mit auf die kleine Advents-Reise zum Wesentlichen begeben, denn: *„Die besten Entdeckungsreisen macht man nicht in fremde Ländern, sondern indem man die Welt mit neuen Augen betrachtet."*

Alle Lichter,
die wir anzünden,
zeugen von dem Licht,
das da erschienen ist
in der Dunkelheit.

Friedrich von Bodelschwingh

1

Gestaltung eines Adventsbrettes

- Reinigen Sie das Adventsbrett vor Gestaltung und trocknen Sie es gut nach.
- Platzieren Sie die vier Untersetzer auf dem Brett.
- Arrangieren Sie die Tannenzweige zunächst um die Kerzen, dann auf der freien Fläche des Adventsbrettes. Achten Sie darauf, dass die Zweige niemals zu nah an die Kerzen heranreichen.
- Dekorieren Sie auf den Tannenzweigen nach Belieben. Mit einer Heißklebepistole können Sie auch Details auf den Zweigen befestigen.

Material:

- 4 Kerzen/Teelichter
- 4 Untersetzer/Kerzenhalter
- 1 Tablett/Holzbrett/Schiefertafel
- Tannengrün und Zapfen
- Dekorationsmaterial: Schleifen/kleine Glaskugeln/Zimtstangen/getrocknete Orangenscheiben/Bastelsterne
- ggf. Heißklebepistole

Eine Kerze

Jetzt habt ihr mich entzündet und schaut in mein Licht.
Ihr freut euch an meiner Helligkeit, an der Wärme, die ich spende.
Und ich freue mich, dass ich für euch brennen darf.
Aber je länger ich brenne, desto kürzer werde ich.
Schaut, so ist es auch mit euch Menschen!
Entweder ihr zieht euch zurück, bleibt für euch –
und es wird kalt und leer. Oder ihr geht auf die Menschen zu
und schenkt ihnen von eurer Wärme und Liebe,
dann erhält euer Leben einen Sinn. Aber dafür müsst ihr
etwas von euch selbst hergeben, etwas von eurer Freude,
von eurer Herzlichkeit, von eurem Lachen …
vielleicht auch von eurer Traurigkeit.
Ich meine, nur wer sich verschenkt, wird reicher.
Nur wer andere froh macht, wird selbst froh.
Je mehr ihr für andere brennt, umso heller wird es in euch.

Irmgard Tabea Laps

2

Freude ist ein Zeichen, dass man dem Licht nahe ist.

Gertrude Stein

Advent ist die Zeit,
da rückt man zusammen
und genießt seine Ruh.
Da ist man befreit,
weit weg ist der Alltag,
also lass es nur zu.

Unbekannt

Zutaten:

- 750 g **Äpfel** (Wintersorte, z.B. Boskop)
- 250 g **Zucker**
- 125 g **grob gehackte Nüsse**
- 1 EL **Rum**
- 250 g **Rosinen**
- 1 EL **Kakao**
- 1 **Messerspitze Zimt** und **Nelken**
- 500 g **Mehl**
- 1½ **Päckchen Backpulver**

3

Adventsapfelbrot

Die Adventszeit mit einem Stück Brot zu beginnen, führt zurück auf den Gedanken, dass auch diese Tage auf Weihnachten hin eine Fastenzeit der besonderen Art sind. Brot braucht Zeit: das Durchkneten, das Aufgehen, die Backzeit. Das geht nicht zwischen den Stühlen, nebenbei. Doch nicht nur zur Auszeit lädt das Adventsbrot ein, sondern auch zum gemeinsamen Bei-Tisch-Sitzen, zum Essen und Teilen und auch dazu das Gefühl von Zu-Hause-Sein und Beieinandersein wiederzuentdecken. Advent bedeutet auch, Tag für Tag schon ein Stück Weihnachten zu schmecken.

1. Im ersten Schritt die Äpfel grob raspeln, mit dem Zucker mischen und mindestens 2 bis 4 Stunden ziehen lassen.
2. Anschließend die Äpfel abtropfen lassen und dabei den Saft auffangen. Dann die restlichen Zutaten sowie nach und nach den aufgefangenen Saft zur Apfelmasse geben und zu einem formbaren Teig verarbeiten.
3. Zum Schluss die Masse teilen, die Hälften jeweils in eine gefettete Kastenform füllen und bei 175 bis 190 °C für ca. 75 Minuten backen.

Tipp: Damit die Oberfläche der Brote nicht zu dunkel wird, kann man sie im Ofen mit etwas Backpapier abdecken.

Die wahre Lebensweisheit besteht darin,
im Alltäglichen das Wunderbare zu sehen.

Pearl S. Buck

Advent zum Ankreuzen und Weiterschreiben

Der Advent duftet nach:

- O Zimt
- O Orangen
- O Kaminholz
- O Tannengrün
- O Wintertee
- O erstem Schnee
- O ______________________________
- O ______________________________

4

Ich bin einzigartig und wunderbar, weil ich

- fröhlich durch die Welt gehe
- Freude weiterschenke.
- auch die beste Schokolade gerne teile.
- immer ein offenes Ohr habe, egal zu welcher Tages- oder Nachtzeit.
- mir sicher bin, dass in der Ruhe die Kraft liegt und die guten Dinge auch mal Zeit brauchen.
- ______________________________
- ______________________________

Was ich im Advent meinem Lieblingsmenschen schon immer sagen wollte:

- Deine Ratschläge sind Gold wert.
- Ganz egal, wie schlecht mein Tag war, wenn du mich anlächelst ist alles wieder besser.
- Danke, dass du genauso bist, wie du bist.
- Du machst mein Leben aufregender. Ein Hoch auf dich.
- ______________________________
- ______________________________

Was ich auf keinen Fall im Advent tun darf:

- Hektisch durch die Gegend rennen und den Kopf verlieren.
- Ignorieren, dass Advent auch ankommen bedeutet.
- ______________________________

Fröhliche Weihnacht überall,
tönet durch die Lüfte froher Schall.
Weihnachtston, Weihnachtsbaum,
Weihnachtsduft in jedem Raum.
Volksweise

5

Adventliches Duft-Memo

Material:

- **16 identische, blickdichte Behälter,** z. B. Filmdöschen, Streichholzschachteln oder Babybreigläschen mit Papier blickdicht bekleben
- **8 Duftstoffe,** die typisch weihnachtlich riechen, z.B. Orangenschale, Zimt, Vanille, Tannennadeln, Anis, Lebkuchen, angebrannte Streichhölzer, Weihrauch …

So geht's:

- Je zwei Behälter mit dem gleichen Duftstoff befüllen.
- Behälter bunt gemischt auf einem Tisch verteilen.
- Wie bei einem klassischen Memo-Spiel müssen die Mitspieler nun die identischen Duftpaare finden.

Nikolaustag

Jedes Jahr wünsche ich mir aufs Neue, dass der Advent wieder zu einer Zeit wird, in der wir uns auf Weihnachten vorbereiten. Advent heißt ja bekanntlich Ankunft: Die Geburt des Gotteskindes wird vorbereitet. Deshalb ist diese Zeit geprägt von wunderbaren Ritualen, die unseren Kindern und unserer Seele guttun. Die uralten Adventstraditionen gehören zu unserer Kultur und zu unserem Glauben. Mit Spekulatius und „Jingle Bells" im August beschädigen wir langfristig nicht nur den Rhythmus im Kirchenjahr, sondern wir zerstören auch die heilsamen Rhythmen in unserem Leben. Wenn alles gleichzeitig und immer greifbar ist, dann gibt es nichts Besonderes mehr, kein Warten, keine Zeit wirklicher Feste und Feiern, dann ist alles gleichgültig.
Die Aktion „Weihnachtsmannfreie Zone" möchte Mut machen, hinter dem Weihnachtsmann der Konsumindustrie wieder mehr den wahren Bischof Nikolaus zu entdecken. Es liegt an uns, ob das im lauten Weihnachtsrummel gelingen kann! Die „Weihnachtsmannfreie Zone" macht darauf aufmerksam, dass der am Konsum orientierte Weihnachtsmann der Geschenke-Industrie nur noch wenig mit dem heiligen Bischof gemein hat.

6

Nikolaus half selbstlos Menschen in Not und war ein Freund der Kinder! Äußeres Zeichen seines Bischofsamtes ist die Mitra und nicht – wie bei der erfundenen Reklamefigur – eine rote Mutze mit weißem Bommel. Die Unterscheidung zwischen Nikolaus und Weihnachtsmann fällt jungen wie alten Menschen heutzutage zunehmend schwer. Deshalb finde ich es hervorragend, dass sich das Bonifatiuswerk diese wichtige Aufklärungsarbeit auf die Fahnen geschrieben hat.
Uneigennützigkeit, Nächstenliebe, Solidarität, Schenken und Teilen – das sind Werte, die ich mit Sankt Nikolaus verbinde. Nikolaus räumt den Weg zu Gott frei. Auch heute noch kann er uns lehren: Schenken macht nicht ärmer, sondern reicher!
Und: Eine gute Tat bewegt auch andere zu guten Taten. Die Ware Weihnacht, wie sie heute angeboten wird, ist nicht die wahre Weihnacht. Und der Weihnachtsmann ist nicht der Nikolaus! Was konnte unsere Zeit mehr gebrauchen als eine Leitfigur, die sich jeder Form von Käuflichkeit widersetzt?

Peter Hahne, TV-Moderator und Bestseller-Autor

So muss man leben:
Die kleinen Freuden aufpicken,
bis das große Glück kommt.
Und wenn es nicht kommt,
dann hat man wenigstens die
„kleinen Glücke“ gehabt.

Theodor Fontane

Sie brauchen:

- Etwa **150 Gramm Fett** (z. B. Rinder- oder Hammeltalg) pro Futterglocke. Talg bekommen Sie beim Metzger. Als pflanzliche Alternative können Sie Kokosfett verwenden. Tierische Fette besitzen eine größere Energiedichte als pflanzliche und werden daher von Vögeln meist bevorzugt.
- Rund **150 Gramm Körnermischung** pro Futterglocke
- **1 Stück Kordel**
- für die Futterglocke einen **Zweig**, der mindestens zehn Zentimeter länger beziehungsweise höher ist als der Topf
- **1 Tontopf** mit rund zehn Zentimetern Durchmesser. Der Tontopf sollte am Boden ein kleines Loch aufweisen.

7

Futterglocke und Meisenknödel

So basteln Sie Meisenknödel und Futterglocken:

- Das Fett vorsichtig in einem Topf erwärmen. Jedoch nicht über den Schmelzpunkt erhitzen, da es sonst gewaltig stinkt.

- Wenn das Fett weich ist, können Sie die jeweilige Futtermischung hinzugegeben. Je mehr Körner man in die Mischung gibt, desto lockerer wird sie im erkalteten Zustand. Mit einem Schuss Speiseöl verhindern Sie, dass das Fett zu hart wird und bröckelt.

- Binden Sie die Kordel an das Stöckchen. Machen einen dicken Knoten, damit dieser das Loch im Tontopf schließt, und ziehen Sie das Stöckchen mit der Kordel von innen durch das Loch. Damit die Vögel die Futterstelle besser anfliegen können, sollte das Stöckchen mindestens zehn Zentimeter aus dem Topf herausragen.

- Wenn Sie eine Futterglocke basteln, füllen Sie das Futtergemisch in den Tontopf und lassen ihn auskühlen. Ansonsten können Sie das erkaltende aber noch formbare Gemisch auch zu Knödeln formen. Beim Formen arbeiten Sie am besten gleich das Seil mit ein, mit dem Sie später die Meisenknödel aufhängen können.

- Nach dem Auskühlen können Sie die Futterglocke oder die Meisenknödel an einem Platz hängen, den Sie gut von ihrem Fenster aus beobachten können. Der Platz sollte jedoch eher an einer schattigen Stelle sein, damit sich der Inhalt an sonnigen Wintertagen nicht zu sehr erwärmt und dann herausfällt.

- Statt Glocken zu gießen oder Knödel zu formen, können Sie auch die Masse an Baumstämme streichen.

Es gibt nur eine ganz selbstlose, ganz reine, ganz göttliche Liebe, und das ist die der Mutter für ihr Kind.

Georg Moritz Ebers

Nach einigen Tagen machte sich Maria auf den Weg und eilte in eine Stadt im Bergland von Judäa. Sie ging in das Haus des Zacharias und begrüßte Elisabet. Und es geschah, als Elisabet den Gruß Marias hörte, hüpfte das Kind in ihrem Leib. Da wurde Elisabet vom Heiligen Geist erfüllt und rief mit lauter Stimme: Gesegnet bist du unter den Frauen und gesegnet ist die Frucht deines Leibes. Wer bin ich, dass die Mutter meines Herrn zu mir kommt? Denn siehe, in dem Augenblick, als ich deinen Gruß hörte, hüpfte das Kind vor Freude in meinem Leib. Und selig, die geglaubt hat, dass sich erfüllt, was der Herr ihr sagen ließ.

Lk 1,39-45

8

Selig ist, die geglaubt hat, dass sich erfüllt, was der Herr ihr sagen ließ.

Was zeichnet Maria aus? Sie ist selig, weil sie geglaubt hat, dass in Erfüllung gehen wird, was ihr der Herr durch den Engel gesagt hat. Maria ist die glaubende und vertrauende Frau. Sie hört auf die leisen Stimmen des Engels in ihr. Sie traut den Verheißungen Gottes. Jeder von uns – so sagen uns die Mystiker – muss Maria werden, die das göttliche Kind gebiert. Maria ist die horchende Frau. Sie hört so hin, dass das Gehörte in ihr Fleisch annimmt und so ganz zu ihr gehört. Maria ist die Jungfrau. Sie definiert sich nicht vom Menschen her, sondern von Gott her. Sie wird nicht fruchtbar durch einen Mann, sondern von Gott. Das ist ein Bild für uns.

Anselm Grün

Pflege das Leben,
wo du es triffst.
Hildegard von Bingen

Zutaten:

- 13 ml Calendulaöl
- 4 ml Cetylalkohol
- 4 g Emulsan II
- 60 ml Wasser
- ½ Messlöffel D-Panthenol
- 8–20 Tropfen Kamille-Extrakt

oder

- 8 Tropfen alpha Bisabolol
- ggf. 1 Tropfen Lavendelöl
- 10 Tropfen Grapefruitkernextrakt/Kaliumsorbat

oder

- 10 Tropfen Paraben K.

Die Zutaten erhalten Sie in einer gut sortierten Apotheke.

9

Hildegard-Winter-Ringelblumen-Salbe

Schon die heilige Hildegard wusste um die wohltuende, heilende Wirkung der Calendula. Bei spröden Händen, kleinen Schnittwunden, rauen Kindergesichtern oder trockenen Lippen ist diese selbst gemachte Ringelblumen-Wintersalbe ein wahrer Allesheiler. Auch ein nützliches Mitbringsel für Freunde und Bekannte.

- Ein Becherglas mit dem Cetylalkohol und dem Calendulaöl füllen. Ein zweites Glas mit Wasser füllen und beide auf ca. 65–68 °C erhitzen.

- Der Cetylalkohol muss sich vollständig in dem Calendulaöl gelöst haben, erst dann das Emulsan II dazugeben.

- Wenn sich dieses ebenfalls gelöst hat, das warme Wasser einarbeiten. Dazu immer nur eine kleine Menge in den Becher mit der Fettmischung gießen und kräftig rühren. Je mehr man rührt, desto besser wird das Ergebnis.

- Ist das gesamte Wasser eingearbeitet, weiterrühren bis die Salbe erkaltet. Die Endtemperatur sollte lauwarm sein.

- Um die Salbe weiter aufzuwerten, zur abgekühlte Masse D-Panthenol und Kamillenextrakt oder alpha Bisabolol und Lavendelöl hinzufügen. Die Zutaten einfach in die fertige Salbe geben und kräftig einrühren.

- Zur Konservierung entweder 10 Tropfen Paraben K oder 10 Tropfen aus einer 1:1 Mischung aus Grapefruitkernextrakt und Kaliumsorbat zugeben. Abschließend noch einmal sehr kräftig rühren.

Zutaten

- 100 g Butter
- 75 g Zucker
- 150 g Quark
- 300 g Mehl
- 1 TL Zimt
- ½ Pck. Backpulver
- 50 g Mandeln, gehackt
- 150 g Rosinen
- Rum (nach Belieben)
- etwas Orangenabrieb
- 125 g Puderzucker
- 100 g Butter

Das schönste Geschenk an den Menschen ist die Fähigkeit zur Freude.

Luc de Clapiers

10

Stollenkonfekt

40 Stück

- Zwei Bleche fetten oder mit Backpapier belegen.
- Mehl mit Backpulver und Gewürzen mischen und beiseitestellen.
- Die Butter mit dem Zucker schaumig rühren, den Quark und die Orangenschale unterrühren.
- Die Mehlmischung zugeben, kurz unterrühren, dann Mandeln, Rosinen und so viel Rum einarbeiten, dass ein geschmeidiger, formbarer, aber nicht klebriger Teig entsteht.
- Den Ofen nun auf 180 °C Umluft (damit man zwei Bleche zugleich backen kann!) vorheizen.
- Jeweils etwa walnussgroße Portionen vom Teig abnehmen, auf der Handfläche etwas flach drücken und zu kleinen Stollen formen. Auf die vorbereiteten Bleche legen und im Ofen 10–15 Minuten backen, bis die Oberfläche goldgelb wird.
- In der Zwischenzeit den Puderzucker auf einen Teller oder eine Platte sieben und die Butter in einem kleinen Topf zerlassen. Die Ministollen noch warm in der Butter wenden und anschließend im Puderzucker wälzen.
- In einer Dose gut verschlossen mindestens einen Tag durchziehen lassen!

Die Kälte der Welt vermag nichts gegen die Wärme des Herzens.

Unbekannt

Material:

- **Stoffreste**
- **Schere**
- **Milchreis** (oder Dinkel, Traubenkerne)
- **Nadel** und **Faden**

11

Selbst genähte Handwärmer mit Reisfüllung

Die Handwärmer kann man einfach in der Mikrowelle warm machen und sich dann die Jackentaschen damit vollstopfen. Oder auch die Hosentaschen, die Innentaschen der Jacke und wo sonst noch so Platz ist. Die DIY Handwärmer lassen sich ganz fix selber machen und man braucht dazu wirklich nicht viel.

So geht's:

* Stoff in Streifen zuschneiden, z.B. im Maß 7 x 14.
* Stoffstreifen in der Mitte falten, die linke Seite muss außen liegen.
* Nun mit Nadel und Faden die beiden Schichten zusammennähen. Die Naht sollte etwa 0,5 cm vom Rand entfernt sein.
* Am Ende eine Öffnung von ca. 2 cm lassen, den Faden nicht abschneiden.
* Kissen durch die Öffnung auf rechts drehen, die Ecken vorsichtig mit einem Stift zurechtbeulen. Anschließend mit Reis füllen und die Öffnung zunähen.
* Die Handwärmer vor Nutzung für 40 Sekunden bei 600 Watt in die Mikrowelle legen.

Du verlierst keine Zeit,
wenn du auf Gott wartest.

Corrie ten Boom

Beten mit dem hl. Dominikus

Der Leib, die Seele und der Geist bilden eine Einheit. Darum müssen wir beim Gebet wieder mehr den ganzen Körper einbeziehen. Dominikus zeigt uns eine Gebetstradition, in der der Mensch „ganzheitlich" betet.

12

1. Gebetsgebärde – Tiefe Verneigung

Ich stehe aufrecht und entspannt und verbeuge mich langsam und tief, sodass ich die Bewegung in meiner Wirbelsäule wahrnehmen kann. Beim Wiederholen dieser Verbeugungen hole ich mich aus aller Zerstreutheit heraus und wecke die Sehnsucht nach der Nähe Gottes, in die ich mich fallen lasse, damit Gott mich auffangen kann. Ich vergesse mich mit meiner Fremdheit und Ungeduld und bete Gott an, wie er sich zeigt. Meine Hände und mein Herz werden frei von selbst gemachten Götzenbildern.

2. Gebetsgebärde – Ausgestreckt auf der Erde

Ich liege ausgestreckt auf dem Fußboden und versuche, nichts zu wünschen und nichts zu bitten. Ich erkenne meine Ohnmacht und meine Verwundbarkeit, aber auch die unendliche und schweigende Gegenwart Gottes, der ich mich übereigne. Oder ich versuche – im Sinne des alten liturgischen Clamors (des lauten Rufens) –, mir die konkrete Not der Mitmenschen und auch die meine vor Augen zu stellen und diese Not herauszuschreien. Ich bringe alle Dinge, die Mitmenschen und Ereignisse und mich selbst in grenzenlosem Vertrauen in Beziehung zu Gott, ohne eigene Lösungen zu wünschen. Mein Blick ist nicht auf die erbetene Gabe, sondern auf das Gebet gerichtet, sodass ich in die Pläne Gottes hineintreten kann.

3. Gebetsgebärde – Stehen vor Gott

Dominikus steht vor Gott und unterbricht das Stehen durch Kniebeugungen. Er steht mit Ehrfurcht vor Gott, bereit zu horchen, bereit zum Aufbruch. Er hat festen Boden unter den Füßen und wird getragen. Das schenkt ihm Vertrauen und Impulse zu neuen Aufbrüchen. In den Kniebeugungen geht er in die innere Bewegung der Hingabe hinein, das Horchen wandelt sich zum Gehorchen. Von dort erhält er Trost und Gelassenheit mit einem Blick auf das Wesentliche hin.

Ich stelle mich aufrecht und entspannt vor das Kreuz und spüre den festen Boden unter den Füßen. Er ist tragfähig. Mein Blick ist auf den Gekreuzigten gerichtet. Ich weiß, ich werde mit Liebe von Gott angeschaut, er sieht mich in zeitloser Ewigkeit; ich sehe mich mit meinen begrenzten Wünschen und Bedürfnissen nur in der Gegenwart.

4. Gebetsgebärde – Hand in Hand mit Gott

Ich stehe oder sitze entspannt, erhebe langsam meine Hände, bis sie vor mir ausgestreckt sind. Meine Hände sind durchseelt, sie führen nur das aus, was in meinen Gedanken schon vorhanden ist. Ich balle die Hände zu Fäusten und nehme die Spannung wahr, die in mir entsteht. Ich lasse die Hände los und öffne sie wie eine Schale. Damit lasse ich jede Verschlossenheit, Bitterkeit, jedes Misstrauen los. Ich bin frei und leer, meine Hände sind zum Empfangen bereit, damit Gott sie füllen kann mit seiner Vergebung und Liebe, mit dem Leib seines Sohnes. Meine Hände sind mehr als nur ein Körperteil. Sie bringen nahe und machen erfahrbar, was fern und fremd erschien. Sie sollen offen sein. Dann verleiht ihnen der Geist die Gestalt, bewegt sie und haucht ihnen eine immer neue Form ein, dass sie Liebe und Güte in die Welt bringen, sie heiligen und vom Empfangenen austeilen.

5. Gebetsgebärde – Die Welt umarmen (Orante)

Ich stehe und lasse meine Arme seitlich hochkommen und nehme bewusst wahr, dass meine leibliche Gestalt in der Grundform des Kreuzes angelegt ist. Im Kreuz überschneiden sich die Gegensätze; oben und unten werden verbunden, die seitlichen Erstreckungen treten in Verbindung. Das Getrennte wird vereint. Es gibt einen Mittelpunkt, wo sich die Gegensätze versöhnen, wo das Zerrissene wieder zusammengefügt wird: mein Herz. Die leibliche Kreuzesform, die ich selber bin, zeigt auch die geistige Dimension an. Ich darf in meinem Leben die Grundordnung nicht stören. Im Schatten des Kreuzes können meine Grenzen zu ungeahnten Möglichkeiten werden. Bevor mein Kreuz mein Kreuz wird, ist es das Kreuz Christi, das mich trägt – er trägt es mit mir.

6. Gebetsgebärde – Ausgestreckt in den Himmel

Dominikus reckt sich in seiner ganzen Größe zum Himmel. Seine Hände sind über seinem Kopf hochgestreckt, fest zusammengehalten oder leicht geöffnet, so als wollte er etwas vom Himmel in Empfang nehmen. Wie Dominikus recke ich meine Arme über dem Kopf zum Himmel hin und blicke in die gleiche Richtung. Ich spüre meine Verwurzelung in Zeit und Raum. Beim Gebet wird es mir bewusst: Ich strecke mich nach dem Zukünftigen und Kommenden aus, ohne den Boden der Gegenwärtigkeit und Wirklichkeit zu verlassen. Denn hier, in der gegebenen Situation, ist meine Aufgabe, in der sich meine Zukunft gestaltet und die Herrschaft Gottes gegenwärtig ist.

Ich überlasse als Mitarbeiter in Gottes Reich die Vollendung meiner Mühe Gott. Das erhält mich frei und gelassen und bewahrt mich vor übertriebener Geschäftigkeit, vor Resignation oder Flucht in die Welt der Illusionen. Ich stehe im Dienst des Reiches Gottes, deshalb baue ich nicht mein Reich auf, ich verhalte mich nicht wie ein Bauherr dieses Reiches. Die Gabe Gottes, sein Reich, ist dort, wo eine Träne getrocknet, wo ein Streit geschlichtet wird, wo eine unzumutbare Struktur geändert und eine zumutbare gefunden wird, wo Vertrauen stärker wird als Verzweiflung.

7. Gebetsgebärde – Sitzen vor Gott und schweigen

Ich sitze auf einem festen Stuhl mit hoher Lehne und lasse mich mit dem Rumpf ins Becken wie in eine Schale nieder. Die Hände liegen auf den Oberschenkeln. Ich bin ganz entspannt und locker. Ich schweige, um still zu werden und den Lärm in mir zum Schweigen zu bringen. Alle Gedanken, Vorstellungen und Erinnerungen von der Welt lasse ich vorbeiziehen, halte sie nicht fest. Ich muss nicht einmal mit Gott oder zu Gott sprechen. Er wird in meinem Schweigen gegenwärtig sein, und seine Anwesenheit wird mich ganz umhüllen.

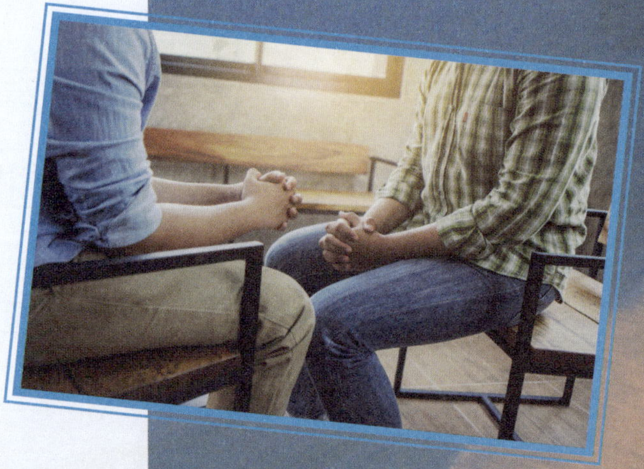

8. Gebetsgebärde – In Be-Weg-ung

Ich stehe und konzentriere mich auf die Fußsohlen. Dann gehe ich langsam, wie in Zeitlupe, und versuche, die Bewegungen der Fußsohlen und die Berührungen mit dem Boden wahrzunehmen. Dies darf keine zielstrebige Leistung sein. Mein Kopf wird von ungeordneten Gedanken entlastet. Ich bitte Gott, er möge mich sein Vorübergehen erkennen lassen und mich auf den Weg der Hingabe führen.

Material

* Papprolle (Toilettenpapierrolle oder Küchenrolle)
* Lineal
* Cuttermesser
* Pinsel
* Deko-Acrylfarbe
* Bastelkleber
* Band

Der Stern von Betlehem
ist ein Stern in dunkler Nacht
– auch heute noch.

Edith Stein

13

Weihnachtsstern aus Papprolle

So geht's:

1. Papprolle flach pressen und 5 schmale Streifen (Breite ca. 8 mm) abshneiden – es ergibt sich so eine Ellipsenform.

2. Ringe mit Acrylfarbe anpinseln und gut trocknen lassen.

3. Nach dem Trocknen die Ringe kreisförmig anordnen und mit etwas Kleber fixieren.

4. Zum Schluss noch ein Band zum Aufhängen anbringen.. Nun kann der Stern als Christbaumschmuck oder als Geschenkanhänger verwendet werden.

Tipp: So können Sie auch Schneeflocken herstellen, dazu benötigen Sie weiße Acrylfarbe.

Variante 1: Den Stern weiterbasteln. Dazu weitere Streifen aus der Rolle schneiden und anmalen. 5 Ringe in der Mitte knicken und in die Zwischenräume der „Zacken" kleben. In die Mitte des Knicks einen Ring kleben.

Variante 2: 4 Streifen aus der Papprolle schneiden und bemalen. Je 2 Ringe als Kreuz ineinanderschieben und verkleben. 2 solcher Kreuze versetzt zueinander übereinanderschieben und alles mit Kleber fixieren.

Humor
ist der Knopf,
der verhindert,
dass uns
der Kragen
platzt.
Joachim Ringelnatz

14

Weihnachtskarten mit Knöpfen

Wer Weihnachtskarten selbst basteln möchte, kann mit Knöpfen kreativ werden. Einfach auf das Papier aufkleben oder aufnähen. So entstehen hübsche Tannenbäume, Weihnachtskugeln oder Schneemänner, die auch mit anderen Materialien ergänzt werden können. Individuelle Karten, mit denen man jedem eine Freude bereiten kann.

So geht's:

Nach Belieben bunte Knöpfe für die Weihnachtskugeln und passende Garnfarben auswählen. Die Anordnung auf der Karte erst einmal hinlegen. Dann die Positionen der Knöpfe markieren. Nacheinander die Knöpfe mit Nadel und Faden auf der Karte festnähen.

Abschließend das Garn auf der Karteninnenseite verknoten und die Fäden abschneiden. Wer gerne zeichnet, kann nun auch Weihnachtsbäume oder eine Krippenszene im Wald mit einem Filzstift ergänzen.

Tipp: Gestaltung eines Schneemanns: 3 weiße Knöpfe aufnähen sowie 1 rotes Band für den Schal verwenden und dann den Zylinder dazuzeichnen.

Material:

* **Tonpapier** oder eine vorgefaltete Karte
* verschiedene **Knöpfe**
* **Nadel** und **Faden**
* durchsichtiger **Bastelkleber**
* **Stift** und **Lineal**

Jedes Werden in der Natur,
im Menschen, in der Liebe
muss abwarten, geduldig sein,
bis seine Zeit zum Blühen kommt.
Dietrich Bonhoeffer

15

Kleiner Erkältungshelfer Akelei

Die Akelei hat eine antibiotische und antivirale Wirkung. Verwendet werden nur ihre Blätter. Akeleipflanzen kann man in jeder Gärtnerei kaufen oder selber aus Samen ziehen. Da die Keimzeit ca. 6 Wochen beträgt, bietet es sich an, die nachstehenden Erkältungssäfte mit Akelei-Produkten aus der Apotheke herzustellen. Wirksam ist die Akelei bei Erkältung, Grippe, Angina, Hals-und Rachenraumentzündung, Mandelentzündung und Bronchitis als unterstützendes Heilmittel.

Rezept:

- **Akeleisaft** (aus dem Reformhaus oder der Apotheke)
- **Wein**
- **Himbeersirup**

Erwachsene nehmen 3-mal täglich 20 Tropfen Akeleisaft in etwas warmen Wein gemischt.

Kinder nehmen 3-mal täglich 1 Tropfen pro Lebensjahr in etwas warmem Himbeersirup.

Die Steigerung des Akeleisaftes ist der Akeleisirup. Dieser sollte frisch gekauft werden und gehört somit nicht in die Hausapotheke. Er wirkt stärker und wird bei Infekten und Fieber eingesetzt.

Rezept:

- **50 g Akeleipulver**
- **20–30 g Akeleisaft** oder Akelei-Tinktur
- **Apfelmus**

Pulver und Saft/Tinktur miteinander vermischen und davon täglich etwa 2 TL mit Apfelmus einnehmen.

Musik ist die Stimme des Herzens,
und wo diese Stimme gehört wird,
findet sie auch Heimat.

David Plüss

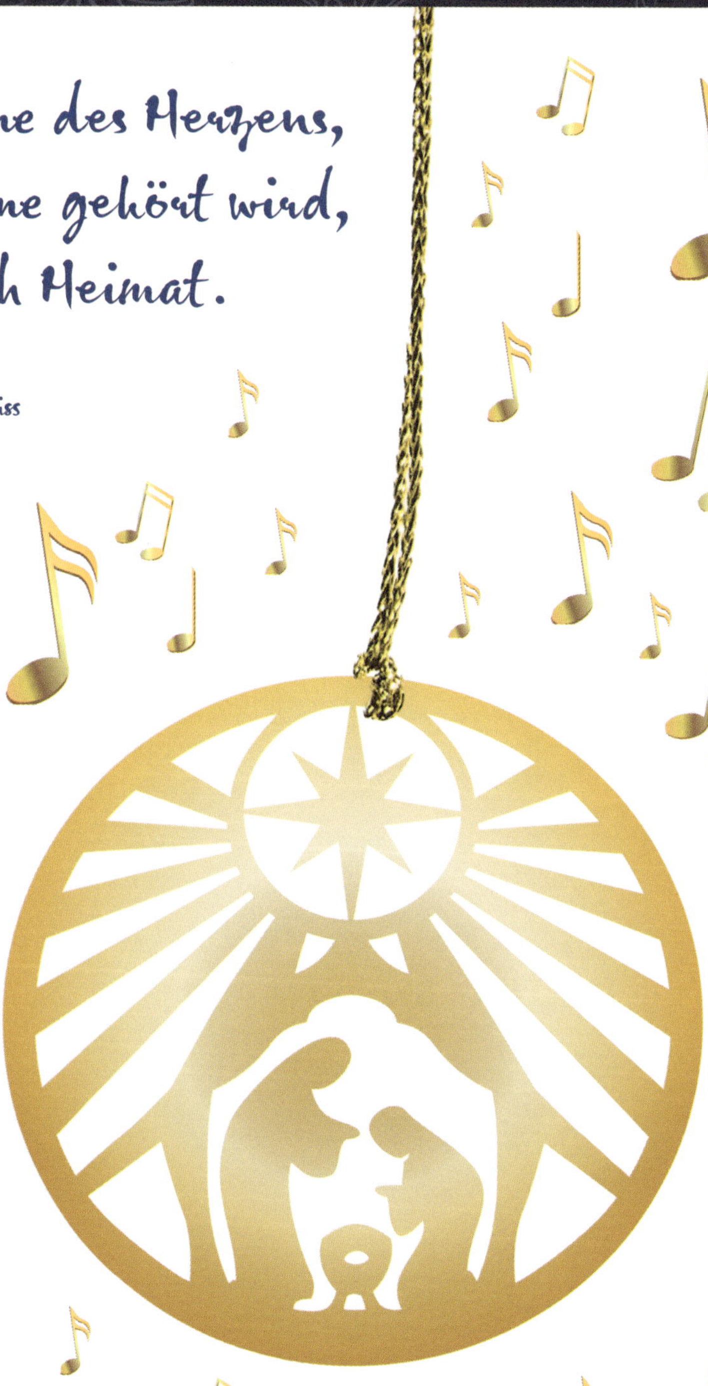

Zu Betlehem geboren,
ist uns ein Kindelein,
das hab' ich auserkoren,
sein eigen will ich sein.
Eia, eia, sein eigen will ich sein.

In seine Lieb' versenken
will ich mich ganz hinab;
mein Herz will ich ihm schenken
und alles, was ich hab',
eia, eia, und alles, was ich hab'.

Friedrich Spee

16

Zu Betlehem geboren

Eines meiner Lieblingsweihnachtslieder. Die zärtliche Melodie beschreibt das Glück über das neugeborene Leben im Stall von Betlehem. Der Text wurde erstmals im Jahr 1637 im „Geistlichen Psälterlein“ veröffentlicht und dann mit der Melodie eines französischen Chansons vertont. Es erinnert an das leise Summen einer Mutter, die ihr Kind in den Armen wiegt. Das kostbare Weihnachtsgeschenk wird in ein weiches, musikalisches Kleid gehüllt. Auch wir brauchen ab und zu ein wärmendes Seelenkleid. Eine Melodie, die unserem Herzen guttut und tröstet, Geborgenheit und Vertrautheit schenkt. Musik kann uns wie ein geduldiger Freund an unserer Seite begleiten. Sie ist eine Stimme des Herzens.

David Plüss

Die Zeit geht sanft nur
mit denen um, die mit
der Zeit sanft umgehen.

Anatole France

17

Urgroßtante Veros Honiglebkuchen

* Zunächst den Zucker im Wasser auflösen und den Honig erwärmen, damit er flüssig ist.
* Anschließend alle Zutaten zu einem geschmeidigen Teig verarbeiten und diesen über Nacht an einem kühlen Ort stehen lassen.
* Den Teig am nächsten Tag durch einen Fleischwolf drehen, um ihn dadurch nochmals gut zu vermengen. Portionsweise verkneten und ausrollen.
* Lebkuchen ausstechen, bei mittlerer Hitze backen und, während sie noch warm sind, mit Puderzuckerglasur bestreichen.

40 Stück

Zutaten:

* 375 g Zucker
* ½ Tasse Wasser
* 250 g Honig
* 875 g Mehl
* 125 g Margarine
* 2 Eier

Gewürze:

* 1 Packung Lebkuchengewürz
* etwas Zimt und gemahlene Nelken
* 1 gestrichenen TL Hirschhornsalz
* 1 Päckchen Backpulver
* Puderzuckerglasur

Es gibt überall
Blumen
für den, der
sie sehen will.
Henri Matisse

Der Weihnachtsstern

Herkunft

Der Weihnachtsstern (Euphorbia pulcherrima) stammt ursprünglich aus Südamerika und gehört zur Familie der Wolfsmilchgewächse. Alexander von Humboldt brachte ihn bereits 1804 nach Europa, doch erst seit den 1950er-Jahren ist der Weihnachtsstern hierzulande als Zimmerpflanze bekannt. Inzwischen ist er eine der meistverkauften Zimmerpflanzen weltweit und an Weihnachten nicht mehr wegzudenken.

18

Gießen

Eher zu wenig als zu viel gießen, denn Staunässe verträgt der Weihnachtsstern gar nicht. Am besten bekommt der Zimmerpflanze ein Tauchbad, je nach Topfgröße und Luftfeuchtigkeit alle sieben bis zehn Tage.

Standort

Diese Pflanze mag weder Kälte noch Zugluft! Wichtig ist ein luftdichter, gut temperierter Transport nach Hause. Der Weihnachtsstern möchte hell stehen, aber nicht in der vollen Sonne. Bei 18–20 °C halten die Blüten im Winter deutlich länger als in sehr warmen Räumen.

Nach Weihnachten

Nach dem Abwurf der farbigen Hochblätter muss der Weihnachtsstern nicht entsorgt werden: Mit etwas Pflege bringt er nämlich im nächsten Jahr wieder farbige Blätter hervor. Dazu nach der Blüte stark zurückschneiden und in Kakteenerde umtopfen. Verwenden Sie dafür einen Topf, der nur minimal größer ist als der alte: Hält man den Weihnachtsstern in begrenztem Wurzelraum, bleibt er kompakt und sehr blühfreudig. Beim Umtopfen Handschuhe tragen, da der Milchsaft des Weihnachtssterns hautreizende Inhaltsstoffe enthält.

Missverständnis

Fälschlicherweise werden die roten Hochblätter (Brakteen) oft für die Blüte gehalten. Die eigentlichen Blüten sind jedoch die kleinen gelbgrünen Gebilde in der Mitte des Blättersterns, die man auch für Blütenstempel halten könnte. Beim Kauf darauf achten, dass die Blüten noch geschlossen sind und die Pflanze nicht farbig angesprüht wurde.

Übersommern

Den Sommer kann der Weihnachtstern an einem hellen Standort ohne direkte Sonneneinstrahlung im Freien verbringen, sollte aber, sobald das Thermometer unter 10 °C anzeigt, wieder ins Haus geholt werden.

Neue Blüten

Der Weihnachtsstern ist eine Kurztagspflanze. Er bildet nur bei weniger als zwölf Stunden Tageslänge neue Hochblätter und Blütenknospen aus. Daher muss die Pflanze für etwa sechs Wochen an einen abends nicht künstlich beleuchteten Ort gestellt werden (zum Beispiel Keller mit Fenster, Treppenhaus), um die Blütenbildung anzuregen. Alternativ kann er auch ab frühem Nachmittag mit einem großen Karton abgedeckt werden, bis die Hochblätter sich erneut umgefärbt haben.

Vermehrung

Wer einen gekauften Weihnachtsstern vermehren möchte, kann dies mithilfe von Stecklingen tun, diese sollten vier bis fünf Blätter haben. Schneiden Sie die Stecklinge auf sieben bis zehn Zentimeter Länge zurecht und stellen Sie sie sofort nach dem Schneiden in ein Glas mit warmem Wasser. Die Stecklinge anschließend in Anzuchterde setzen, die mit grobem Sand vermischt wurde. Ein Wurzeltriebmittel beschleunigt das Angehen der Stecklinge. Die Stecklinge bewurzeln sich nur bei Temperaturen über 22 °C.

Material:

* Servietten mit weihnachtlichem Motiv
* Spanschachteln (Größe und Form nach Belieben)
* Holzscheibe (Größe nach Belieben)
* Serviettenkleber
* Acrylfarbe Weiß
* 2 Pinsel
* Washi-Tape

19

Serviettentechnik-Naturgeschenke

* Holzscheibe glatt schmirgeln, sodass eine ebene Fläche entsteht. Deckel der Schachteln mit weißer Farbe bemalen und den Rand mit Washi-Tape umkleben.
* Von den Servietten die oberste, bedruckte Schicht ablösen und das gewünschte Motiv vorsichtig ausreißen.
* Die Holzscheibe und die Deckel der Schachteln sparsam mit Serviettenkleber bestreichen.
* Das Motiv platzieren und mithilfe des Pinsels Serviettenkleber darüberstreichen. Mit den Fingern vorsichtig glätten und trocknen lassen.
* Wenn die Holzscheibe aufgehängt werden soll, einfach in den oberen Rand der Holzscheibe ein Loch bohren und ein Band (z.B. Bast oder grobe Paketschnur) hindurchziehen.

Glück ist aufzuwachen - und jeden Tag als Geschenk Gottes zu sehen.

Unbekannt

Es sind Begegnungen, die das Leben lebenswert machen.

Guy de Maupassant

Winter-Chai

Ingwer sehr fein raspeln und zusammen mit Zimt, Kardamom, Muskatnuss, Nelken, Milch und Honig in einem Topf aufkochen und bei niedriger Temperatur für 1 Minute ziehen lassen.

Danach den Tee kochen und 10 Minuten ziehen lassen, anschließend mit in den Topf geben und gut umrühren.

Im nächsten Schritt die Schokolade in den Topf raspeln und bei niedriger Temperatur unterrühren.

Zum Schluss den Schoko-Chai in eine Tasse geben und nach Geschmack einen Klecks Sahne darauf geben. Mit Zimt oder Kakaopulver verzieren.

Tipp: Die Gewürze und die geraspelte Schokolade kann man auch in einem Glas zusammenrühren und z.B. als Chai-Mischung verschenken.

20

Zutaten:

- 1 TL schwarzer Tee (z. B. Assam)
- 100 g Schokolade
- 200 ml Milch
- Sahne nach Geschmack
- 200 ml Wasser
- 1 TL Ingwer
- 6 TL Honig
- ½ TL gemahlener Zimt
- ¼ TL gemahlene Nelken
- ¼ TL gemahlene Muskatnuss
- ¼ TL gemahlener Kardamom

Am Grunde des Herzens eines jeden Winters
liegt ein Frühlingsahnen,
und hinter dem Schleier jeder Nacht
verbirgt sich ein lächelnder Morgen.

Khalil Gibran

Beim Aufstehen

Schon beim Erwachen können mich verschiedene Gedanken in eine innere Unruhe bringen. Ich bin noch müde, aber mein Kopf ist schon sehr aktiv. Was ich heute nicht alles tun muss! Und erst morgen!! Ein Gedanke hetzt den anderen. Die Gedanken sind frei, sie können weiterbringen, inspirieren – und sie können sehr angstbesetzt sein. Unser Ego will mit immer neuen Gedanken die Kontrolle behalten.

Schon beim Aufstehen kann ich einüben, meinen vielen Gedanken liebevoll-bestimmt Grenzen zu setzen. So gelingt es mir, meinen Tag nicht in einer gedankenzentrierten „Ego-Grundhaltung" zu gestalten, ich versuche vielmehr, Zugänge zu meinem tieferen Selbst zu eröffnen, zu meiner Mitte, wo ich sein darf und wo Achtsamkeit und Mitgefühl entfaltet werden können.

Darum bleibe ich beim Aufstehen einen Moment stehen. Ich nehme mein Ein- und Ausatmen wahr, damit ich meinen denkenden Geist beruhigen kann.

21

Heute

Heute
achte ich beim Aufstehen
auf meinen Atemfluss
mein wohltuender Rhythmus
erinnert mich
an den Geschenkcharakter
allen Lebens

Heute
nehme ich beim Duschen
bei meiner Morgentoilette
voller Achtsamkeit
meinen Atem wahr

Heute
lasse ich mich nicht leben
sondern lebe aus
meiner atmenden Mitte

Pierre Stutz

Material:

- leere Konservenbüchsen
- ein dickes Rundholz (oder gerader Ast)
- Hammer und Nägel
- Filzstift
- buntes Klebeband

Alle Dunkelheit der Welt reicht nicht,
um das Licht einer einzigen,
kleinen Kerze auszulöschen.

Aus China

22

Weihnachtliches Licht in Dosen

- Leere Dosen säubern und das Papier außenrum entfernen.
- Mit dem Filzstift das gewünschte Muster auf die Dose malen. ACHTUNG: Nur Punkte malen, keine Linien, da diese sonst später zu sehen sind.
- **Methode 1:** Dose ganz mit Wasser füllen und 1–2 Tage einfrieren. Dose auf festen Untergrund legen und das aufgezeichnete Muster nachhämmern.
- **Methode 2:** Rundholz auf einen alten Stuhl o. Ä. legen und sich daraufsetzen. Dose über das Holz stülpen und das aufgezeichnete Muster nachhämmern.

- Sie können die Ränder der Dose mit buntem Klebeband verzieren oder die ganze Dose mit Lackfarbe bemalen.
- Hämmern Sie in den oberen Rand zwei gegenüberliegende Löcher und ziehen Sie zum Aufhängen eine Schnur oder einen Draht durch die Löcher.

Die Geburt Jesu in Betlehem ist keine einmalige Geschichte, sondern ein Geschenk, das ewig bleibt.

Martin Luther

Die Weihnachtskrippe

Die erste Krippe mit Maria und Josef, dem Jesuskind, Ochs, Esel, Schafen und Hirten hat der heilige Franziskus zu Weihnachten 1223 aufgestellt. Es war eine lebende Krippe, die aus Bewohnern und Tieren des Dorfes Greccio in der Nähe von Rom bestand. Vor dieser Krippe hielt Franziskus am 24. Dezember 1223 seine Weihnachtspredigt.
In der Krippe wird dargestellt, was sich vor etwa 2000 Jahren in Betlehem ereignet hat: Jesus wurde geboren.

Wortwerkstatt Krippe

Mit welchen Gedanken und Worten kommen Sie vor die Krippe? Schreiben Sie Ihre Texte auf die rechte Seite in die Silhouetten von Maria und Josef.

Mögliche Wortbausteine für einen eigenen Impuls:

jauchzen, jubilieren, klein, Sternennacht, Hirtenfeld, Sehnsucht, selige Ruh, Freude, Weihnachtsfriede, Wunder, Stroh, Ochs und Esel, Engel, erblicken, begleiten, Himmel und Erde, staunen, Großes, behaglich, Betlehem, stillstehen, neugeboren, Stall, Herz, himmelwärts, Licht, golden, preisen, Hoffnung, neu

23

Fröhlich soll mein Herze springen dieser Zeit,
da vor Freud alle Engel singen.

Paul Gerhardt

Ausmalfenster Betlehem

Dieses Fenster scheint wie gemacht für die Geburtskirche in Betlehem. Tatsächlich befindet es sich nicht weit davon entfernt, nämlich im Altarraum der angrenzenden Katharinenkirche. Sie wurde 1882 als Franziskanerkirche direkt neben der Geburtskirche am Krippenplatz in Betlehem erbaut. Ein Hinweis auf die Franziskaner findet sich direkt im Bild: Zu beiden Seiten der Heiligen Familie stehen in anbetender Haltung zwei Franziskanermönche. Es hat außerdem eigentlich noch äußere Zacken. So wirkt das Fenster selbst wie der Stern von Betlehem, der über der Krippe des neugeborenen Kindes steht.

24

Quellenverzeichnis

Texte:

2.12. Irmgard Tabea Laps, Eine Kerze © Alle Rechte bei der Autorin

6.12. Peter Hahne, Nikolaustag, aus: Legenden, Lieder, Geschichten und Anregungen zu St. Nikolaus, Bonifatiuswerk der deutschen Katholiken © Alle Rechte beim Autor

8.12. links: Lk 1,39–45 Einheitsübersetzung der Heiligen Schrift, vollständig durchgesehene und überarbeitete Ausgabe © 2016 Katholische Bibelanstalt GmbH, Stuttgart. Alle Rechte vorbehalten

rechts: Anselm Grün, Selig ist, die geglaubt hat …, aus: Anselm Grün, Ein Stern führt durch die Dunkelheit © St. Benno Verlag GmbH, Leipzig

12.12. Alle Texte von 1. bis 8.: P. Vladimir Koudelka OP, Beten mit dem hl. Dominikus © Schweizer Provinz der Dominikaner, Rue du Botzet 8, CH-1700 Fribourg

16.12. rechts: David Plüss, Zu Betlehem geboren, aus: David Plüss, HimmelsKlänge © St. Benno Verlag GmbH, Leipzig

21.12. Pierre Stutz, „Aufstehen" und „Heute", aus: Pierre Stutz, Atempausen für die Seele, © 2020 Herder Verlag, Freiburg im Breisgau

24.12. Ausmalfenster Betlehem, aus: Farben des Himmels © St. Benno Verlag GmbH, Leipzig

Bilder:

Vorwort: R (Rahmen): ©cienpiesnf/shutterstock.com; F (Freisteller): ©Dmitry Naumov/shutterstock.com; ©JFunk/shutterstock.com; ©Konstantin Yuganov/shutterstock.com; **1.12.** H(Hauptmotiv über Doppelseite): ©stock.adobe.com/Carmen 56; F (von links nach rechts): ©LiliGraphie/shutterstock.com; ©Svetlana Lazarenka/shutterstock.com; R: ©stock.adobe.com/maria_galybina; **2.12.** H: ©Dorottya Mathe/shutterstock.com; F: ©Xandra_M/shutterstock.com [beide]; R: ©stock.adobe.com/Corca; **3.12.** H: ©Nuage/shutterstock.com; F: ©Nataly Studio/shutterstock.com; ©stock.adobe.com/A_Lein; **4.12.** alle: ©LenLis/shutterstock.com; **5.12.** H:©Dorota Emilia/shutterstock.com; F:©stock.adobe.com/Stephanie Eichler; ©stock.adobe.com/FabrikaSimf; R:©kbecca/shutterstock.com; **6.12.** H:© avian/shutterstock.com; F: ©hans.slegers/shutterstock.com [beide]; **7.12.** H:©Andrea Mayer/Fotolia.de; F:©TwilightArtPictures/Fotolia.de; ©Schlierner/Fotolia.de; R:©bubble86/Fotolia.de; **8.12.** H: ©Vlada Young/shutterstock.com; R: ©oks_sun/shutterstock.com; **9.12.** H: ©Alexander Raths/shutterstock.com; F: ©stock.adobe.com/kolesnikov-serg; ©Michael Kraus/shutterstock.com; R: ©Abdul Qaiyoom/shutterstock.com; **10.12.** H:©stock.adobe.com/Aleksandr Simonov; F:©Natalia Hubbert/shutterstock.com; R: ©kbecca/shutterstock.com; **11.12.** H: © ZoZo design/shutterstock.com; F: ©Mariia Masich/shutterstock.com; R: ©ShustrikS/shutterstock.com; **12.12.** H: ©stock.adobe.com/Alexandre; F: ©Dream Perfection/shutterstock.com; ©KNA, Adelaide Di Nunzio; ©EsanIndyStudios; ©Doidam 10/shutterstock.com; ©Dudarev Mikhail/shutterstock.com; ©Ampol sandee/shutterstock.com; ©Freedom Studio/shutterstock.com; ©Overdose Studio/shutterstock.com; **13.12.** H: ©Nella/shutterstock.com; F: ©IrisArt/Fotolia.de; ©vvoe/Fotolia.de; ©Coprid/Fotolia.de; ©mauritius images / Zoonar GmbH / Alamy; **14.12.** H: ©Elena Hramova/shutterstock.com; F: ©Joyja_Lee/shutterstock.com[alle]; R: ©GVS/shutterstock.com; **15.12.** H: ©stock.adobe.com/UlrikeAdam; F: ©emer/Fotolia.de; R: ©oks_sun/shutterstock.com; **16.12.** H: ©Ramona Kaulitzki/shutterstock.com; F: ©Vladimir Prusakov/shutterstock.com; ©CoSveta/shutterstock.com; R: ©stock.adobe.com/SVasco; **17.12.** H: ©Oliver Hoffmann/shutterstock.com; F: ©monkographic/shutterstock.com; R: ©kbecca/shutterstock.com; **18.12.** H+R: ©stock.adobe.com/nezabudkina; F: ©stock.adobe.com/AGcuesta; **19.12.** H+R+Button: ©Katarina S/shutterstock.com; F: ©stock.adobe.com/alex; ©stock.adobe.com/Anatol; ©stock.adobe.com/Ivan; **20.12.** H: ©Gisenyah/shutterstock.com; F: ©radionastya/shutterstock.com; ©mirkakovi/shutterstock.com [Pfeile]; R: ©Lidiebug/shutterstock.com; **21.12.** H: ©stock.adobe.com/ffphoto; F+R: ©Le Chernina/shutterstock.com; **22.12.** H: © NatureArt/shutterstock.com; F: ©stock.adobe.com/jirakit; ©photogal/shutterstock.com; ©stock.adobe.com/Stefan Körber; **23.12.** H: ©Koltukovs/shutterstock.com; **24.12.** H: ©Paul Cummings/shutterstock.com.